Impressum
Verlag: BABADADA GmbH, Nedderfeld 112 , 22529 Hamburg
Geschäftsführer / Verlagsleitung: Harald Hof
Druck: Books on Demand GmbH, In de Tarpen 42, 22848 Norderstedt

Imprint
Publisher: BABADADA GmbH, Nedderfeld 112 , 22529 Hamburg, Germany
Managing Director / Publishing direction: Harald Hof
Print: Books on Demand GmbH, In de Tarpen 42, 22848 Norderstedt, Germany

škola

ښوونځی

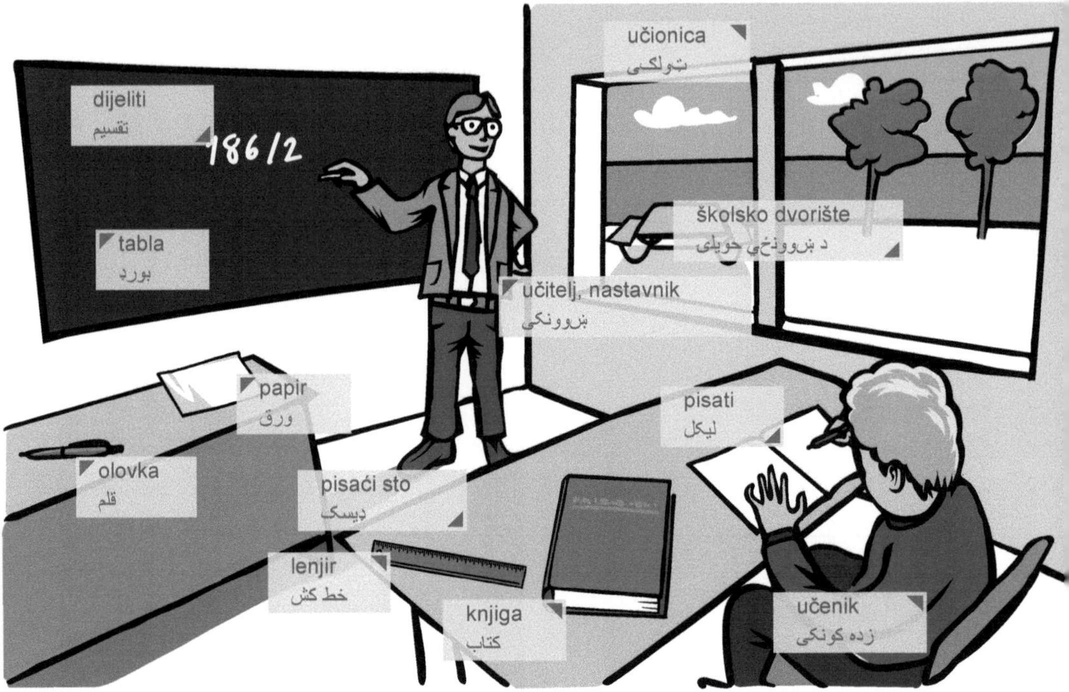

učionica
ټولګی
dijeliti
تقسیم
186/2
tabla
بورډ
školsko dvorište
د ښوونځي حویلی
učitelj, nastavnik
ښوونکی
papir
ورق
pisati
لیکل
olovka
قلم
pisaći sto
ډیسک
lenjir
خط کش
knjiga
کتاب
učenik
زده کونکی

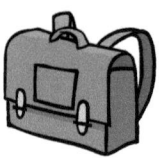

torba

کڅوړه

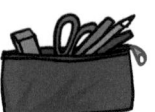

pernica

د پنسل بکسه

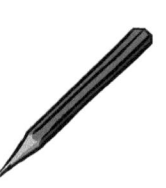

drvena olovka

پنسل

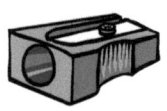

šiljalo za olovke

پنسل تراش

gumica

ربړ

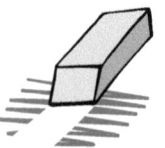

blok za crtanje

د رسامی پاڼه

crtež

رسامي

kist

د نقاشی برس

kutija s bojama

د نقاشی بکس

makaze

قیچی

ljepilo

سریش

vježbanka

د تمرین کتاب

domaća zadaća

کورنی دنده

broj

شمیر

sabirati

جمع

oduzimati

منفي

množiti

ضرب

računati

حساب

slovo

توری

abeceda

الفبا

riječ

کلمه

tekst

متن

čitati

لوستل

kreda

تباشير

sat

درس

školski dnevnik

راجستر

ispit

ازموينه

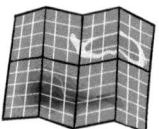

svjedočanstvo

تصديق پانه

školska uniforma

د ښوونځي يونيفارم

izobrazba

تعليم

leksikon

دايره المعارف

univerzitet

پوهنتون

mikroskop

مايكروسكوپ

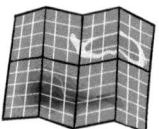

karta

نقشه

korpa za papir

اشغالدانی

hotel
هوتل

hostel
لیلیه

mjenjačnica
د اسعارو د تبادلی دفتر

kofer
بکس

auto
موټر

jezik

ژبه

da / ne

هو/نه

okej

سمه ده

zdravo

سلام

tumač

ژباړونکی

hvala

مننه

Koliko košta...?

څومره دي...؟

Ne razumijem

زه نه پوهيږم

problem

ستونزه

dobro veče!

ماښام مو پخير!

Dobro jutro!

سهار په خير!

Laku noć!

شپه په خير!

doviđenja

په مخه مو ښه

smjer

لاريښود

prtljag

سامان

torba

بيگ

ruksak

شاتنی بکس

gost

ميلمه

soba

خونه

vreća za spavanje

د خوب کڅوړه

šator

خيمه

turističke informacije

د توریزم معلومات

plaža

ساحل

kreditna kartica

کریدیت کارت

doručak

ناری

ručak

د غرمي خواړه

večera

د شپې خواړه

putna karta

ټیکټ

lift

لفټ

poštanska markica

مهر

granica

پوله

carina

ګمرک

ambasada

سفارت

viza

ویزه

pasoš

پاسپورت

transport
ټرانسپورټ

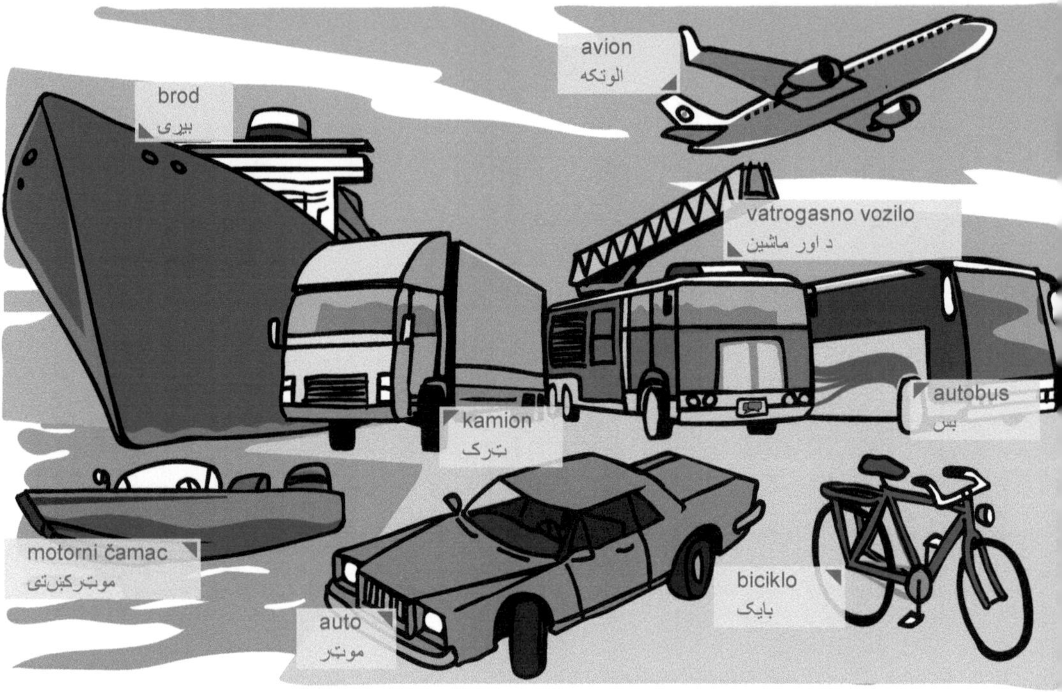
avion
الوتکه
brod
بېړۍ
vatrogasno vozilo
د اور ماشین
autobus
بس
kamion
ټرک
motorni čamac
موټرکښتی
biciklo
بایک
auto
موټر

trajekt

کښتی

brod

کښتی

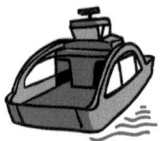

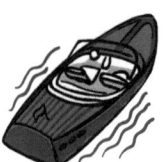

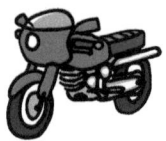

motocikl

موټرسایکل

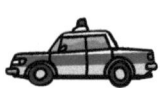

policijski automobil

د پولیسو موټر

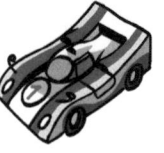

trkaći automobil

د ریس موټر

unajmljeni automobil

کرایی موټر

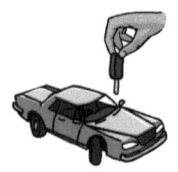

kar-šering

د کرایه موټري

pauk

جرثقیل لرونکی ټرک

smećarsko vozilo

ریفیوز ټرک

motor

موټر

gorivo

سونګ ټوکي

benzinska pumpa

پټرول سټیشن

saobraćajni znak

ترافیکي نښه

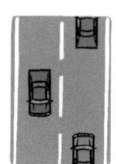

saobraćaj

ترافیک

zastoj

جام ترافیک

parking

د موټرو تمځای

željeznička stanica

د ریل سټیشن

šine

پاټکي

voz

ریل

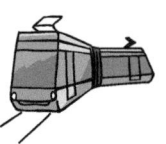

tramvaj

ټرام

vagon

واګون

helikopter

چورلکه

aerodrom

هوايي ډګر

toranj

برج

putnik

مسافر

kontejner

کانټینر

karton

کارتون

tačke

کارت

korpa

ټوکری

poletjeti / sletjeti

الوتنه کول/کښیناستل

grad

بنسار

selo

کلی

centar grada

د بنسار مرکز

kuća

کور

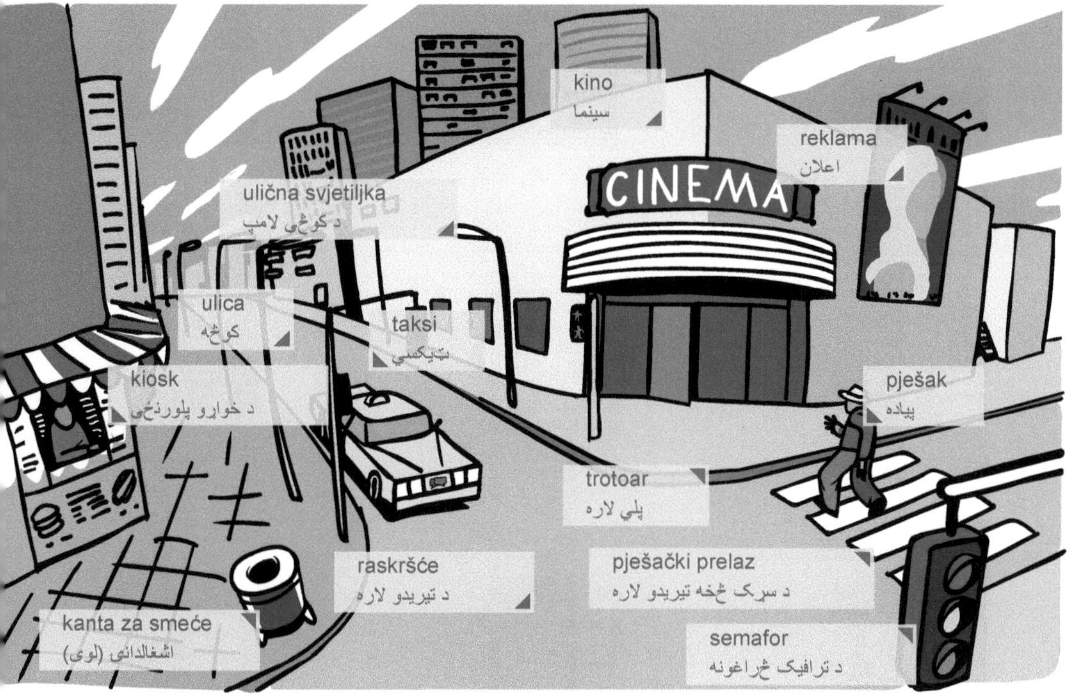

kino
سینما

reklama
اعلان

ulična svjetiljka
د کوڅی لامپ

ulica
کوڅه

taksi
ټېکسي

kiosk
د خوارو پلورنځی

pješak
پیاده

trotoar
پلي لاره

raskršće
د تېریدو لاره

pješački prelaz
د سرک څخه تېریدو لاره

kanta za smeće
اشغالدانی (لوی)

semafor
د ترافیک څراغونه

koliba

کوډله

stan

اپارتمان

željeznička stanica

د ریل ستېشن

vjećnica

تاون هال

muzej

میوزیم

škola

ښوونځی

univerzitet

پوهنتون

banka

بانک

bolnica

روغتون

hotel

هوټل

apoteka

درملتون

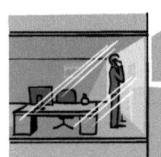

ured

دفتر

knjižara

کتاب پلورنځی

radnja

پلورنځی

cvjećara

د ګلانو پلورنځی

supermarket

لوی پلورنځی

pijaca

مارکیت

robna kuća

د دیپارټمنټ سټور

prodavač ribe

کب پلورنځی

trgovački centar

د پلور مرکز

luka

لنګرتون

park

پارک

klupa

بینچ

most

پل

stepenice

زینه

podzemna željeznica

د خمکي لاندي

tunel

تونل

autobuska stanica

بس تمځای

bar

بار

restoran

ریستورانت

poštanski sandučić

پوست بکس

saobraćajni znak

د کوڅي نښه

sat za naplatu parkinga

د پارک کولو میټر

zoološki vrt

ژوبڼ

bazen

د لامبو حوض

džamija

مسجد

seosko imanje

کرونده

zagađenje okoline

ناپاکي

groblje

هدیره

crkva

چرچ

igralište

د لوبو ډکر

hram

معبد/کلیسا

krajolik

منظره

list
پانه

putokaz
د لارښوونې نښه

putokaz
لاره

livada
چمن

kamen
کانی

drvo
ونه

putnik
هیکر

rijeka
سیند

trava
واښه

cvijet
ګل

dolina

دره

brdo

غوندی

jezero

ناور

šuma

جنگل

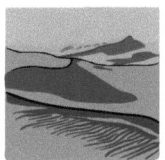

pustinja

دشته

vulkan

اورشیندی

dvorac

کلا

duga

رنگین کمان

gljiva

مرخیړی

palma

پلم ونه

komarac

ماشي

muha

الوتل

mrav

میږی

pčela

مچی

pauk

غوندۍ/جولا

buba

كونگكت

žaba

چونگكبنه

vjeverica

نولى

jež

زيركى

zec

سوى

sova

كونگ

ptica

مرغى

labud

قازه

divlja svinja

نرخوگ

jelen

هوسى

los

گاوزه

brana

بند

vjetrenjača

بادي توربين

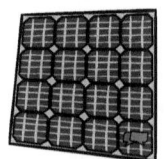

solarni modul

سولر تختي

klima

اقليم

restoran

ریسټورانټ

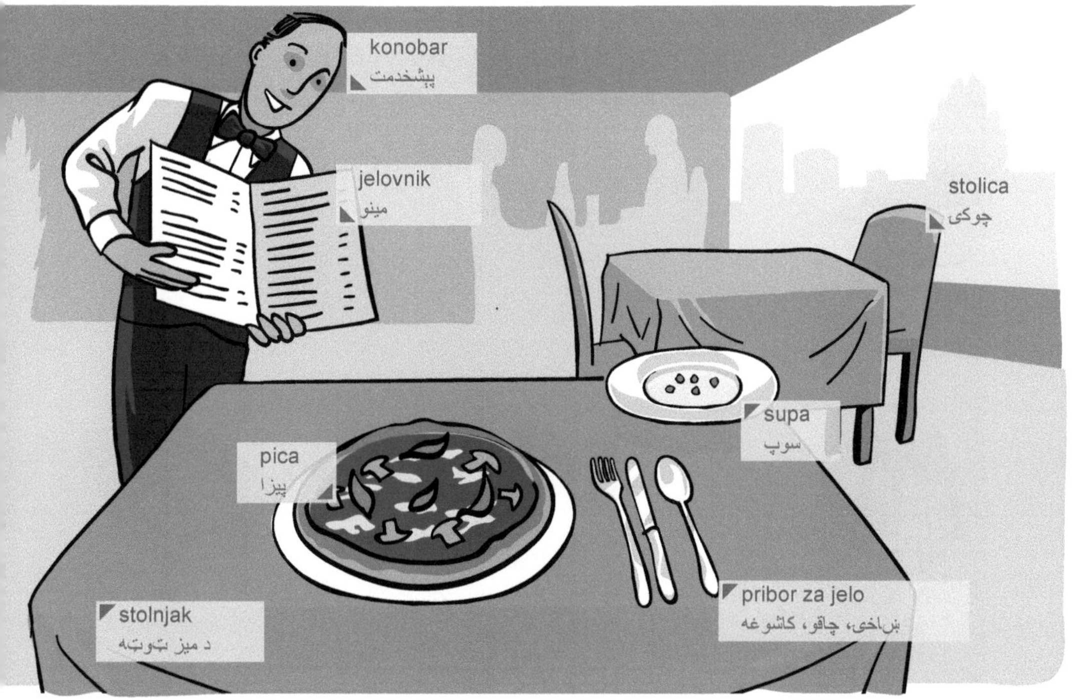
konobar
پیشخدمت
jelovnik
مینو
stolica
چوکۍ
supa
سوپ
pica
پیزا
stolnjak
د میز ټوټه
pribor za jelo
بڼاخۍ، چاقو، کاشوغه

predjelo

ستارټر

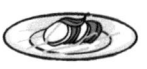

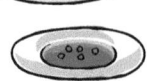

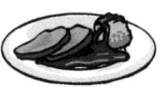

glavno jelo

اصلي خواړه

desert

شیریني

piće

څښاک

jelo

خواړه

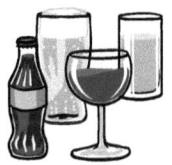

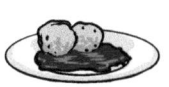

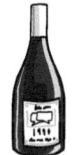

flaša

بوتل

brza hrana

فاسټ فوډ

jelo sa ulice

د کوڅی خواره

čajnik

چای جوش

šećernica

قندانۍ

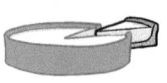

porcija

برخه

mašina za espreso

اسپرسو مشین

barska stolica

لوړه چوکی

račun

رسید

tacna

مجمه

nož

چاکو

viljuška

پنجه

kašika

قاشق

kašičica

چای قاشق

salveta

سرویت

čaša

ګلاس

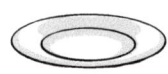

tanjir

پلیټ

tanjir za supu

د سوپ پلیټ

tanjurić

نالبکی

sos

ساس

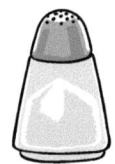

solanik

مالګه شیندونکی

mlin za biber

د مرچ ټنکولو لوخی

sirće

سرکه

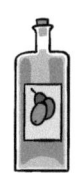

ulje

غوړي

začini

مساله

kečap

کچ اپ

senf

شرشم

majoneza

چکه

supermarket

لوی پلورنځی

ponuda
خانګړی وړاندیز
FOR
klijent
پیرودونکی
mliječni proizvodi
لبنیات
voće
میوه
kolica za kupovinu
لاسي ځرخ

BUTCHERS

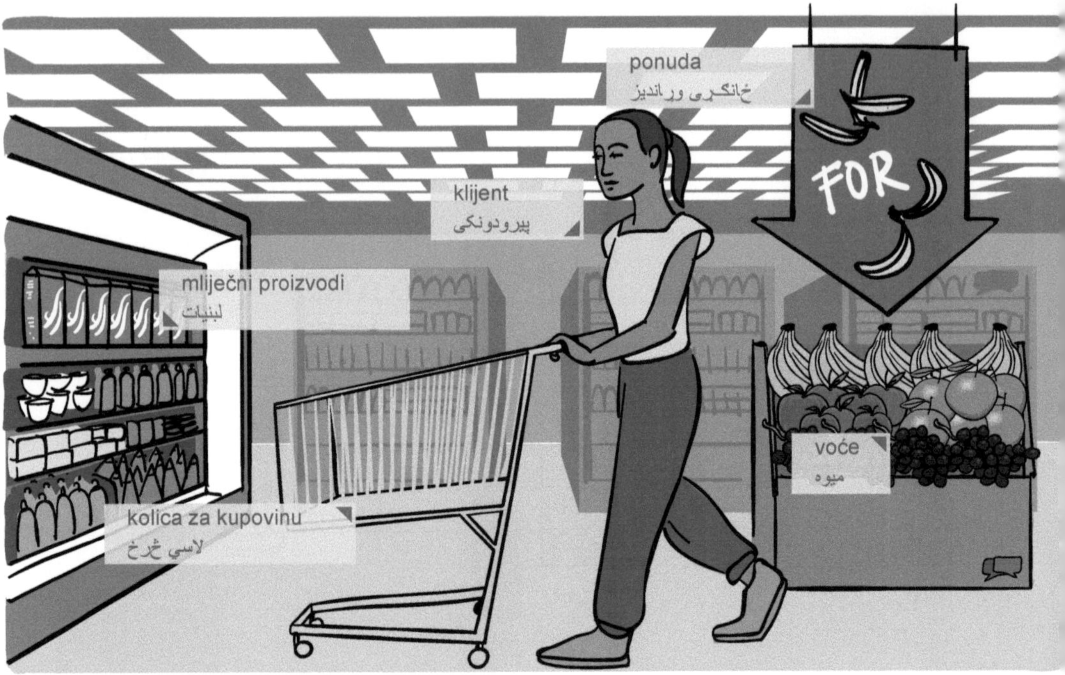

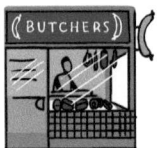

mesnica- klaonica

قصابي

BAKERY

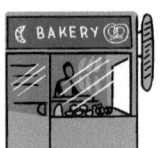

pekara

نانوایی

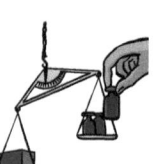

vagati

وزن کول

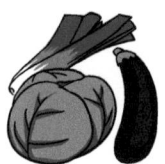

povrće

سبزیجات

meso

غوښه

zaleđena hrana

کنګل خواړه

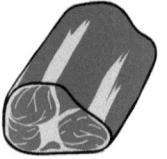

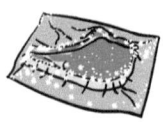

narezak

يخه غوښه

konzerve

کنسروا خواړه

prašak za veš

د مينځلو پوډر

slatkiši

شيريني

kućanski proizvodi

کورني توليدات

sredstvo za čišćenje

د پاکولو محصولات

prodavačica

د پلور فرد

kasa

د نغدي راجستر

blagajnik

صراف

lista za kupovinu

د پيرود ليست

radno vrijeme

کاري ساعتونه

novčanik

بټوه

kreditna kartica

کريډيټ کارت

torba

کڅوړه

najlonska vrećica

پلاستيک کڅوړه

voda

اوبه

sok

جوس

mlijeko

 شیده

kola

کوک

vino

واین

pivo

بیر

alkohol

الکول

kakao

ککاو

čaj

چای

kafa

کافي

espreso

اسپرسو

kapućino

کپچینو

banana

كيله

jabuka

منه

narandža

نارنج

lubenica

هندوانه

limun

ليمو

mrkva

گازره

bijeli luk

هوره

bambus

بانكس

crveni luk

پياز

gljiva

مرخيري

orašasti plodovi

چغزى

pasta

آش

špagete

سپيگټي

riža

وريجي

salata

سلاد

pomfrit

چپس

pečeni krompir

سره کري کچالو

pica

پيزا

hamburger

همبرگر

sendvič

ساندويچ

šnicla

کتره

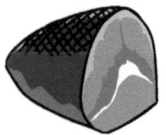

šunka

د پتون غوښه

kobasica

سلمي

kobasica

ساسچ

kokoš

چرگ

pečenje

روسټ

riba

کب

zobene pahuljice

د وربشي شيرني

muzli

موسلي

kornfleks

د جوار پلی

brašno

اوړه

kroason

کروسانت

zemičke

د ډوډۍ رول

kruh

ډوډۍ

tost

ټوسټ

keksi

بسکيټ

maslac

کوچ

svježi sir

چکه

kolač

کيک

jaje

هګۍ

jaje na oko

پښۍ هګۍ

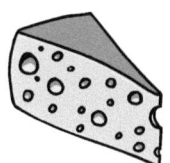

sir

پنير

sladoled

آيس كريم

šećer

بوره

med

شهد

marmelada

مربا

nugat krema

نوكـات كريم

kuri

كوركمان

seosko imanje

کرونده

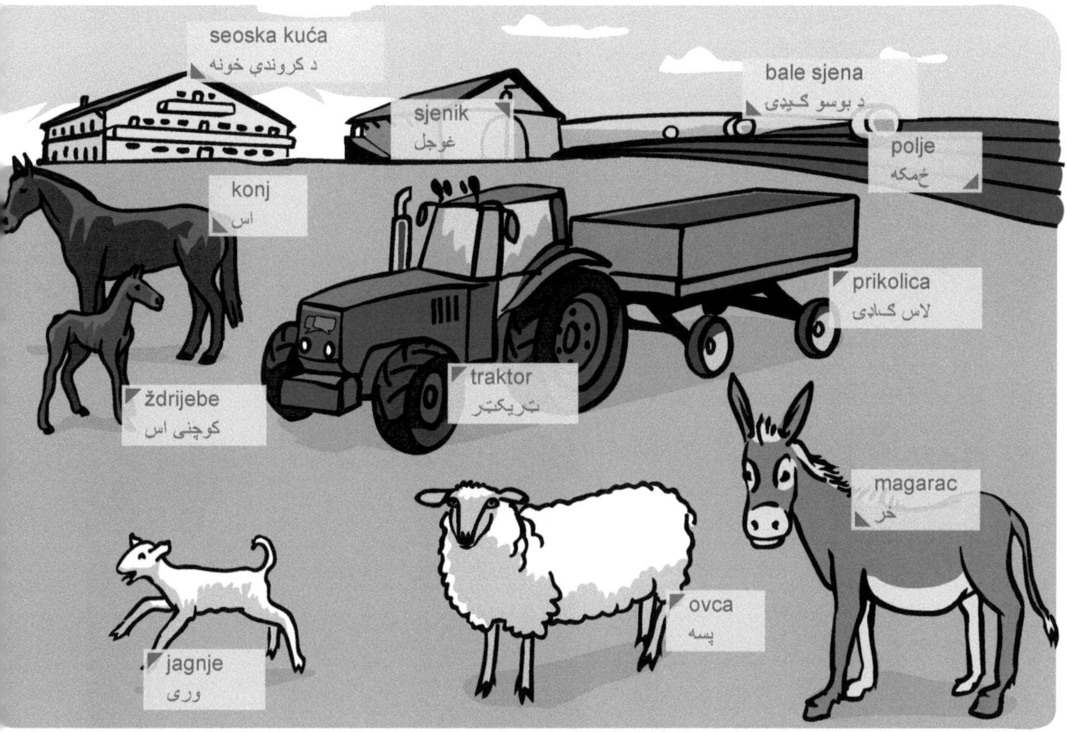
seoska kuća
د کروندي خونه
sjenik
غوجل
bale sjena
د بوسو کيډۍ
polje
ځمکه
konj
اس
prikolica
لاس ګاډی
traktor
ټريکټر
ždrijebe
کوچنی اس
magarac
خر
ovca
پسه
jagnje
وری

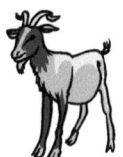

koza
....
وزه

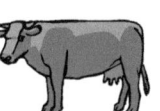

krava
....
غوا

tele
....
خوسکی

svinja
....
خوګ

prase
....
د خوګ بچی

bik
....
غويی

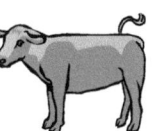

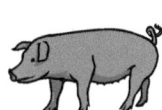

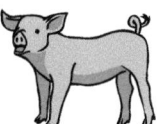

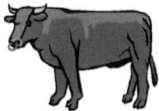

guska

بته

patka

هيلۍ

pile

چرګورۍ

kokoška

چرګه

pjetao

بانګي

pacov

سارای موږک

mačka

پيشک

miš

موږک

vol

غویی

pas

سپی

pseća kućica

د سپي خونه

crijevo za baštu

د باغ هوز

kanta za zalijevanje

د اوبو لوخی

kosa

لور (داس)

plug

یوی

srp

لور

motika

رمبی

vile

بڼاخی

sjekira

تبر

tačke

کراچی

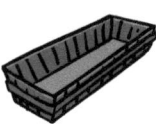

korito

ناوه

bokal za mlijeko

د شیدو لوخی

vreća

جوال

ograda

کتاره

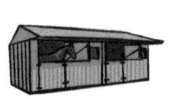

štala

مضبوط

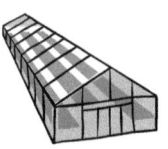

staklenik

شنه خونه

tlo

خاوره

sjeme

تخم

đubrivo

سره/کود

kombajn

کـد رېونکی ماشین

kositi

زیرمه کول

žetva

درمند

jam korijen

خواړه کچالو

pšenica

غنم

soja

سویا

krompir

کچالو

kukuruz

جوار

uljana repica

نباتي تخم

drvo voća

د ميوي ونه

manioka

مانیوک

žito

غله

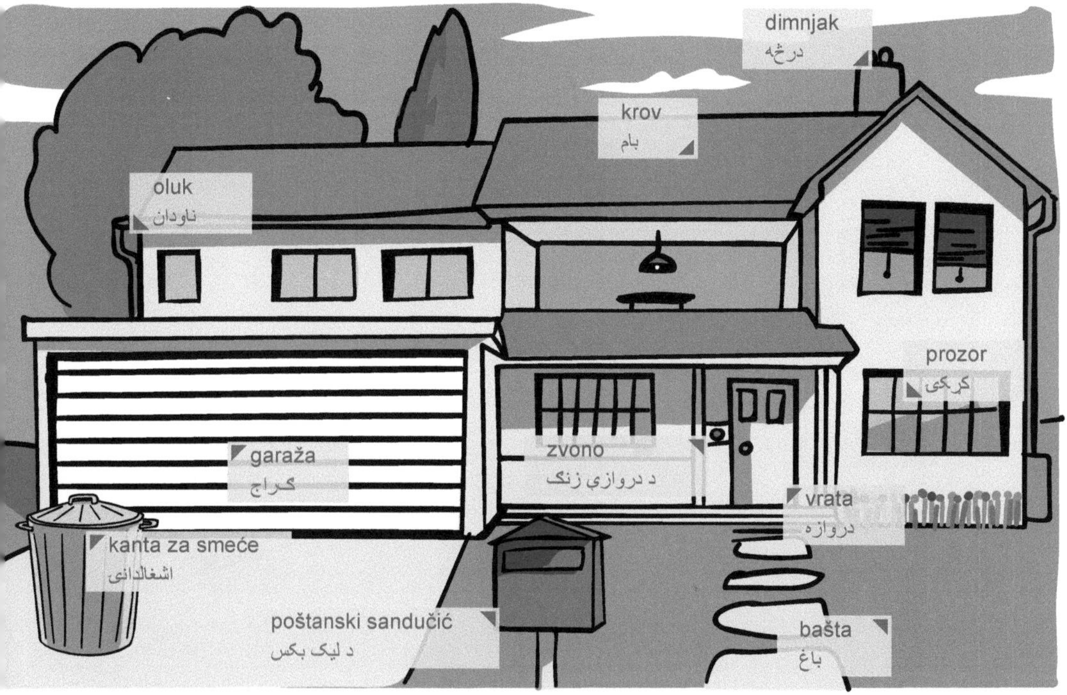

dimnjak
درځه

krov
بام

oluk
ناودان

prozor
کړکۍ

garaža
ګراج

zvono
د دروازي زنګ

vrata
دروازه

kanta za smeće
اشغالدانی

poštanski sandučić
د لیک بکس

bašta
باغ

dnevni boravak
························
د اوسیدو خونه

kupatilo
························
حمام

kuhinja
························
پخلنځی

spavaća soba
························
د ویده کیدو خونه

dječija soba
························
د ماشوم خونه

trpezarija
························
د خوارو خونه

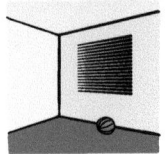

pod, tlo

فرش

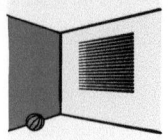

zid

ديوال

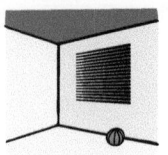

plafon

چت

podrum

زيرخانه

sauna

سونا

balkon

بالکوني

terasa

تـراس

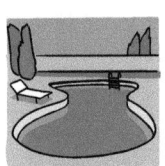

bazen

حوض

kosilica

د چمن وهلو ماشين

posteljina

شيت

pokrivač

روجايی

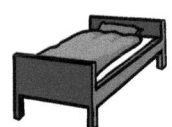

krevet

تخت

metla

جارو

kanta

بوکه

prekidač

سويچ

dnevni boravak

د اوسيدو خونه

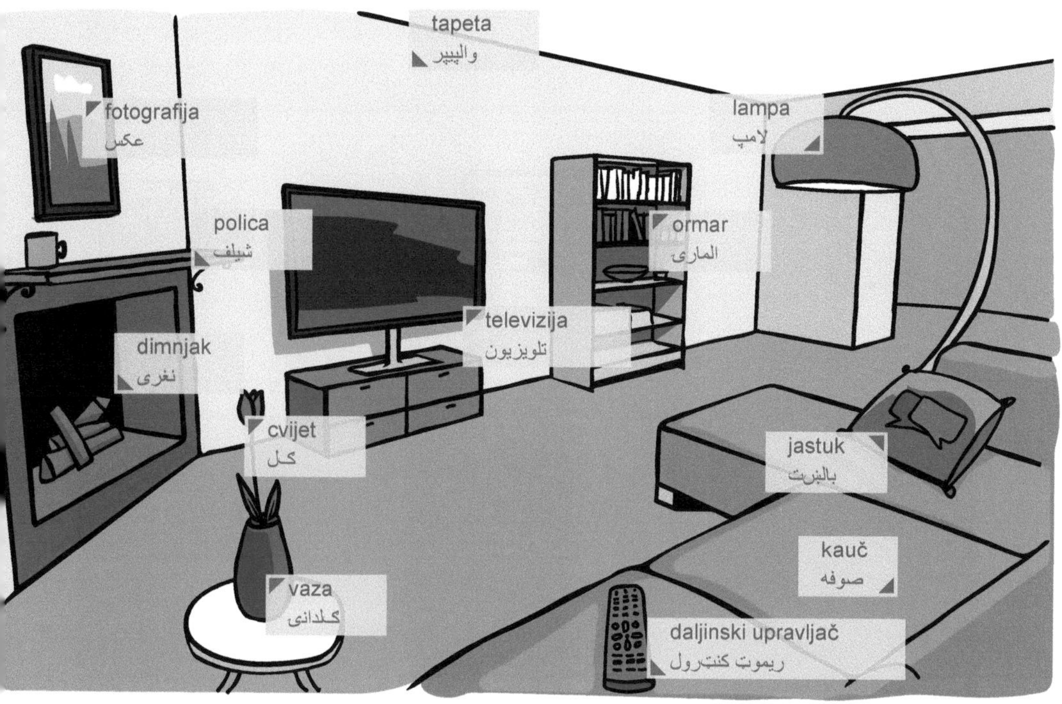
tapeta
والپیپر
fotografija
عکس
lampa
لامپ
polica
شیلف
ormar
الماری
televizija
تلویزیون
dimnjak
نغری
cvijet
ګل
jastuk
بالښت
kauč
صوفه
vaza
ګلدانی
daljinski upravljač
ریموټ کنټرول

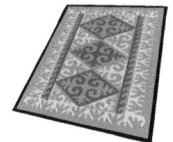

tepih

غالۍ

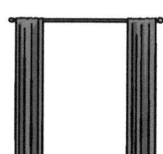

zavjesa

پرده

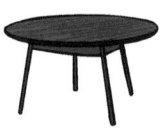

stol

میز

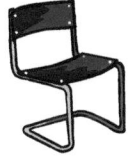

stolica

چوکۍ

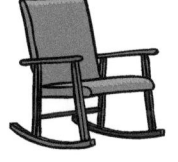

stolica za ljuljanje

تاویدونکي چوکۍ

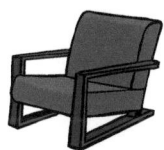

fotelja

بازو لرونکی چوکۍ

knjiga

کتاب

deka

کمپل

dekoracija

دیکوریشن

ložno drvo

د اور لرګي

film

فلم

stereo uređaj

هایفای

ključ

کلي

novine

ورځپاڼه

umjetnička slika

نقاشي

poster

پوستر

radio

رادیو

blok za bilješke

کتابچه

usisavač

واکیوم جارو

kaktus

کاکتوس

svijeća

شمع

kuhinja
پخلنځی

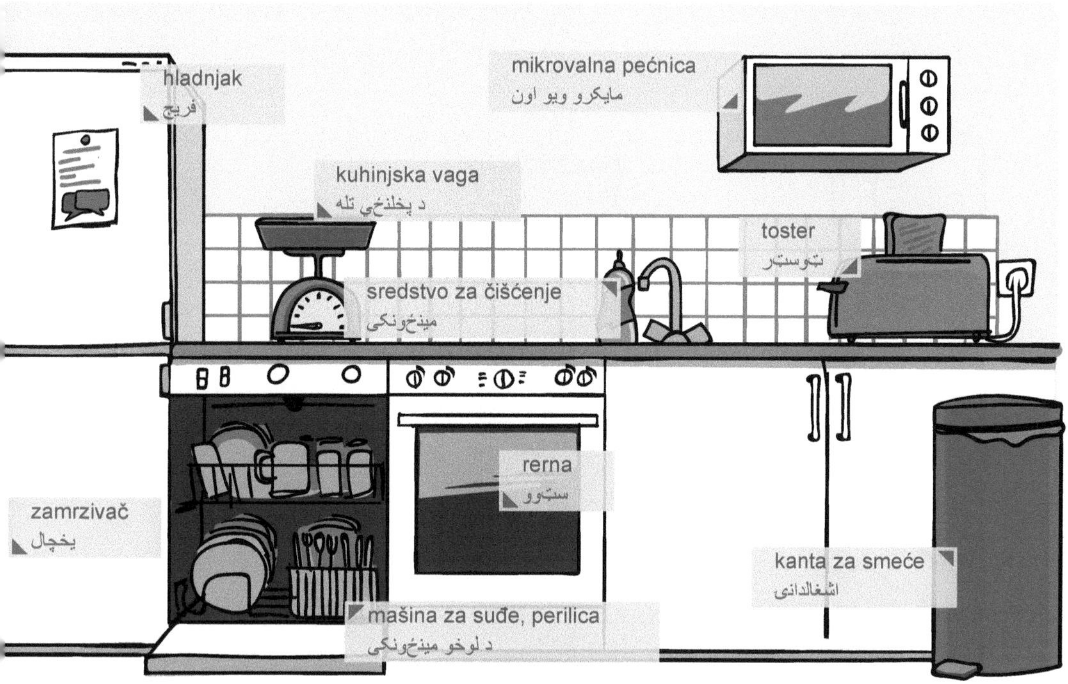
hladnjak
فریج
mikrovalna pećnica
مایکرو ویو اون
kuhinjska vaga
د پخلنځي تله
toster
تـوسـتر
sredstvo za čišćenje
مینځونکی
rerna
سـټـوو
zamrzivač
یخچال
kanta za smeće
اشغالدانی
mašina za suđe, perilica
د لوخو مینځونکی

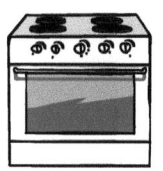

peć

ديګ بخار

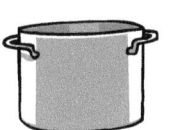

lonac

لوخی

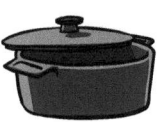

metalni lonac

چدني لوخی

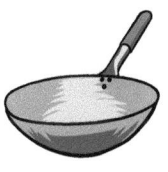

vok / kadai

ووک

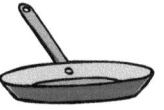

tava, tiganj

د تلي په

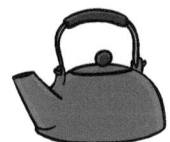

kuhalo

چای جوش

aparat za kuhanje na pari

د بخار ديک

lim za pečenje

پتنوس

posuđe

لوخي

šalica

مګ

činija

کاسه

kineski štapići

د رانيولو اوزار

kutlača

څمڅی

lopatica

کفګير

metlica za snijeg bjelanjca

پاکونکی

sito za kuhanje

صافي

sito

غلبيل

ribež

کريتر

avan s tučkom

اونګ

roštilj

بار بي کيو

ložište

خلاص اور

daska

تخته

oklagija

هوارونکی

vadičep

کارک سکریو

konzerva

ټېم

otvarač za konzerve

د ټېم خلاصونکی

krpe za lonac

د لوخي ټوبته

sudoper

ظرف شوی

četka

برس

spužva

سپنج

mikser

بلیندر

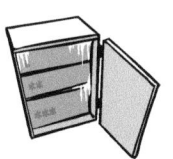

zamrzivač

ژور یخچال

flašica za bebu

د ماشوم بوتل

slavina

نل

kupatilo

حمام

grijanje
تودول
peškir
جان پاک
tuš
شاور
zavjesa za tuš
د شاور پرده
pjenušava kupka
ببل حمام
kada
د حمام ټب
mašina za veš
د مینځلو مشین
čaša
ګلاس
slavina
نل
pločice
ټایلونه
dječja kahlica
یو ډول کمود
sudoper
ظرف شوی

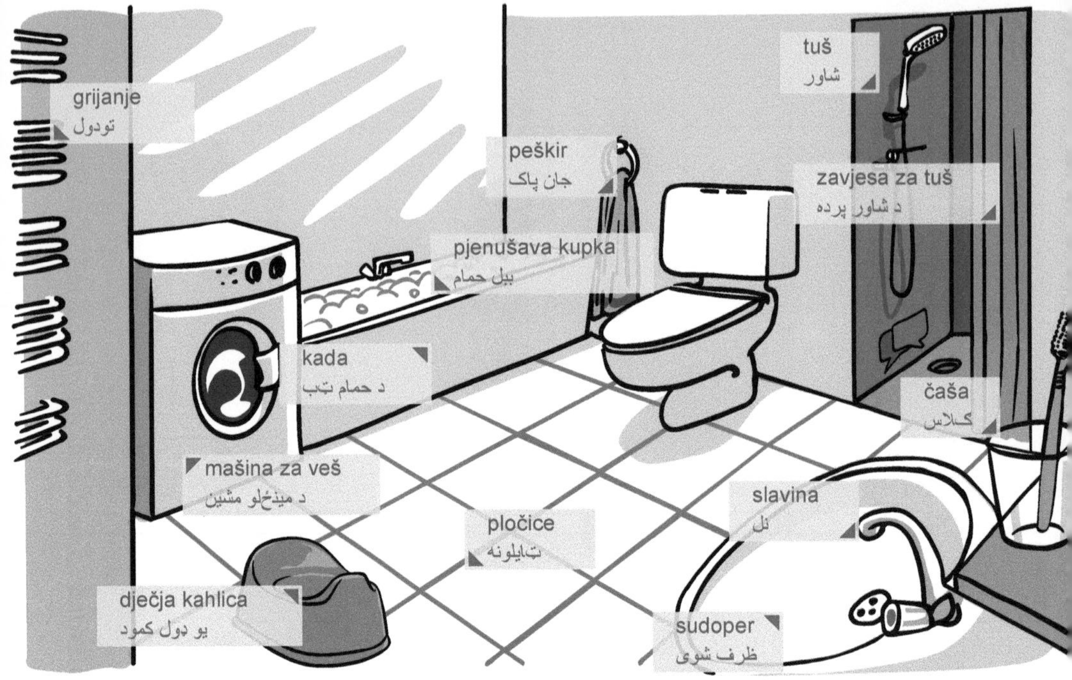

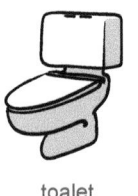

toalet

تشناب

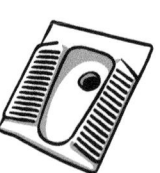

čučavac

فرشي کمود

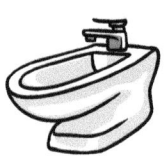

bide

کمود

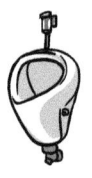

pisoar

د متیازو ځای

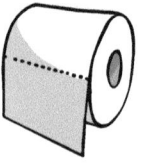

toalet papir

تشناب کاغذ

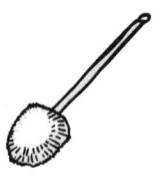

četka za wc

د تشناب برس

četkica za zube

د غاښونو برس

pasta za zube

د غاښونو کريم

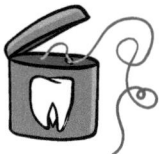

zubni konac

د غاښونو نخ

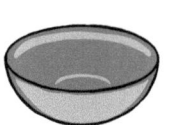

prati

مينځل

tuš

لاسي شاور

intimni tuš

دوش

lavor

خانک

četka za leđa

د شا برس

sapun

صابون

gel za tuširanje

د شاور ژل

šampon

شامپو

krpe za pranje

فلانل جامه

odvod

وچول

krema

کريم

dezodorans

سپری

ogledalo

آئينه

ogledalo za šminkanje

لاسي آئينه

brijač

ريزر

pjena za brijanje

د خريلو فوم

vodica poslije brijanja

د خريلو وروسته

češalj

ږمنځ

četka

برس

fen

د ويښتانو وچونکی

sprej za kosu

د ويښتانو سپری

puder

ميک اپ

karmin

ليپ ستيک

lak za nokte

د نوکانو پالش

vata

کاتن وری

makazice za nokte

ناخن گير

parfem

عطر

kozmetička torbica

د مینځخلو کڅوره

hoklica

سټول

vaga

د وزن کولو تله

kupaći ogrtač

د حمام پوښاک

rukavice za čišćenje

د ربړ دستکش

tampon

تامپون

uložak za dame

صحیی جان پاک

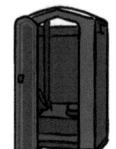

hemijski toalet

کیمیکل تشناب

dječija soba

د ماشوم خونه

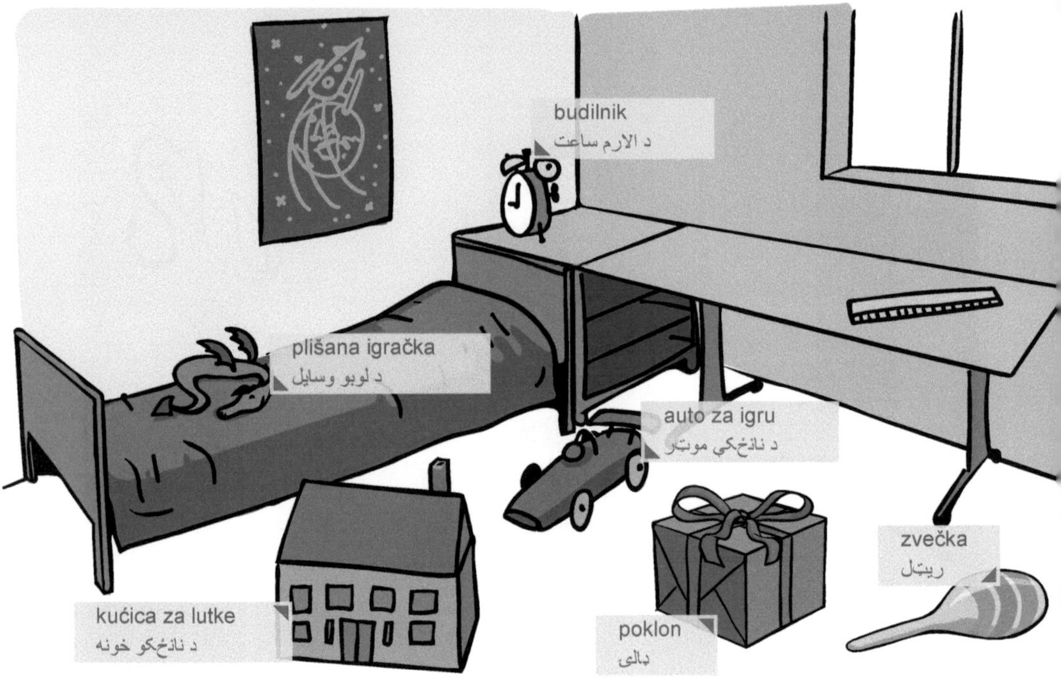
budilnik
د الارم ساعت
plišana igračka
د لوبو وسایل
auto za igru
د نانځکي موټر
zvečka
ریټل
kućica za lutke
د نانځکو خونه
poklon
ډالۍ

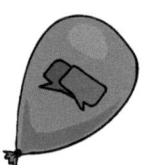

balon

بالون

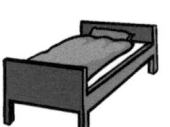

krevet

تخت

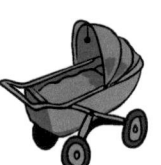

kolica za djecu

کالسکه

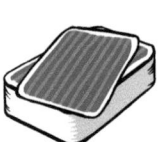

karte za igranje

د لوبو ورقې

puzle

جیګسا

SUPER
MEGA

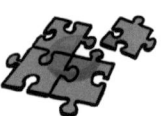

strip

مسخره

lego kockice

لیګو بریک

kockice za gradnju

د ناوخو بلاک

akcione figure

د اکشن فیګور

benkica

د ماشوم پوښاک

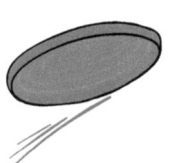

frizbi

فریزبي

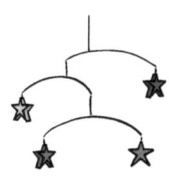

mobile

موبایل

igra na ploči

بورډ لوبه

kocka

تاس

miniatura željeznice

ماډل ریل سیټ

cucla

ګونګشى

zabava

پارټي

slikovnica

د عکسونو البوم

lopta

بال

lutka

ناوخکه

igrati

لوبیدل

pješćanik

د شګو کنده

ljuljačka

سوينګ

igračke

ناځوخکي

konzola za igru

د ويډيو لوبو کنسول

triciklo

تری سایکل

medvjedić

کوډکه

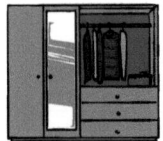

ormar

د کالو الماری

odjeća

پوښاک

kratke čarape

جرابي

čarape

لوړي جرابي

hulahopke

تایټس

šal
زروکی

kišobran
چتری

kaiš
کمربند

majica kratkih rukava
نتي شرت

čizme
بوټان

papuče
سلیپر

patike
سنیکر

sandale	**cipele**	**gumene čizme**
سیندل	بوتان	د ربر بوتان
gaće	**grudnjak**	**potkošulja**
زیرنیکري	سینه بند	واسکټ

bodi

بادي

hlače

پتلون

farmerke

جينز

suknja

لمن

bluza

بلاوز

košulja

شرت

džemper

بنيان

majica

سويتر

sako

بليزر

jakna

جاكت

mantil

كوت

kišni mantil

د باران كوت

kostim

پوښاک

haljina

كالي

vjenčanica

د واده پوښاک

odjeća - پوښاک

odijelo

دريشي

spavaćica

د شپې پوښاک

pidžama

پاجامه

sari

ساري

marama

لوپټه

turban

پټکی

burka

برقه

kaftan

کفتن

abaja

عبا

kupaći kostim

د لامبو پوښاک

kupaće gaće

نیکر

kratke hlače

شارټ

trenerka

د خُغاستي پوښاک

pregača

پیش بند

rukavice

دستکش

dugme

بتن

naočare

عینک

narukvica

لاس بند

ogrlica

غاړه کی

prsten

ګوتمه

naušnica

غوږوالۍ

kapa

خولۍ

vješalica

کوټ بند

šešir

خولۍ

kravata

نتايۍ

patentni zatvarač

ځنځير

kaciga

هيلميټ

tregeri za hlače

ترونکۍ

školska uniforma

د ښوونځي يونيفارم

uniforma

يونيفارم

odjeća - پوښاک

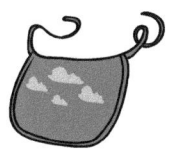

podbradak

بيب

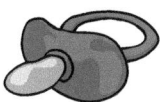

cucla

ګونګشی

pelene

نيپي

ured

دفتر

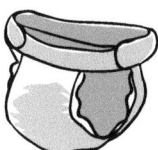

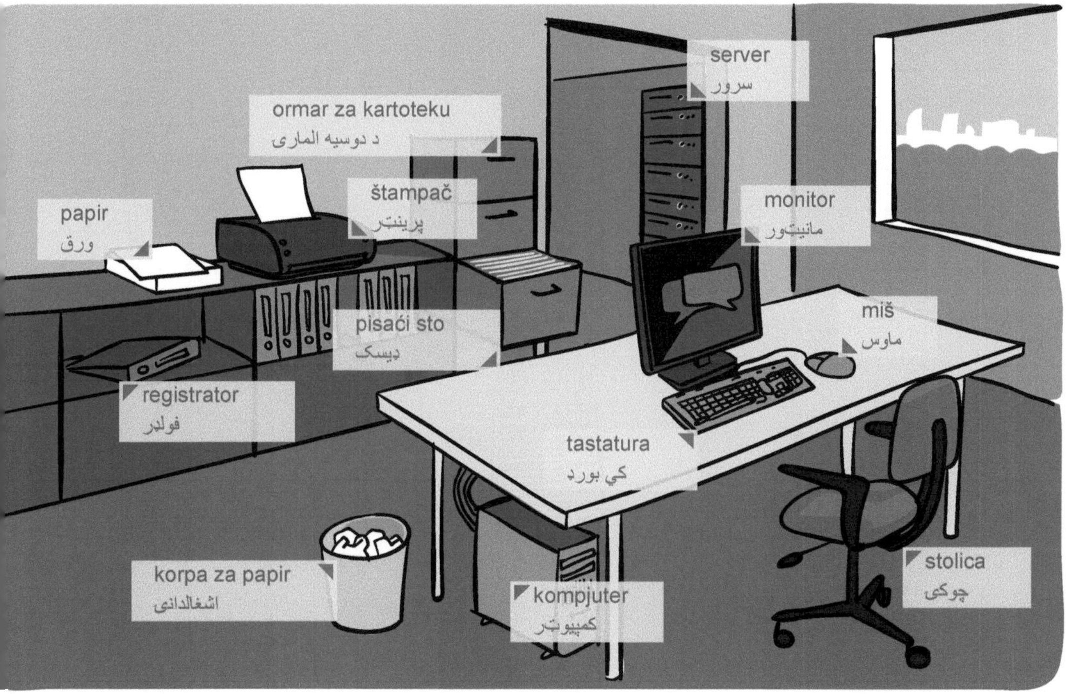

server
سرور
ormar za kartoteku
د دوسيه الماری
papir
ورق
štampač
پرينټر
monitor
مانيټور
pisaći sto
ډيسک
miš
ماوس
registrator
فولډر
tastatura
کي بورډ
korpa za papir
اشغالدانی
kompjuter
کمپيوټر
stolica
چوکی

šolja za kafu

د کافي پياله

kalkulator

کالکوليټر

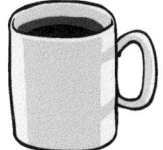

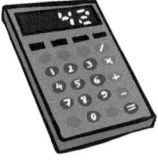

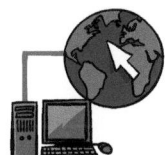

internet

انټرنيټ

laptop

لپ ټاپ

pismo

لیک

poruka

پیغام

mobilni telefon

موبایل

mreža

نیټورک

aparat za kopiranje

فوټوکاپیر

softver

سافټویر

telefon

تلیفون

utičnica

پلک ساکت

faks

فکس مشین

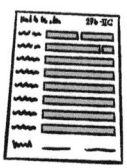

formular

فارم

dokument

سند

kupovati

پیرل

platiti

تادیه کول

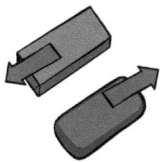

trgovati

سوداگري کول

novac

پیسی

dolar

ډالر

euro

یورو

jen

ین

rublja

ربل

franak

سویسي فرانک

renminbi jen

رینمینبي یوان

rupi

روپی

bankomat

د نغدي پیسو ځای

mjenjačnica

د اسعارو د تبادلي دفتر

zlato

سره زر

srebro

سپين زر

nafta

تيل

energija

انرژي

cijena

نرخ

ugovor

قرارداد

porez

ماليه

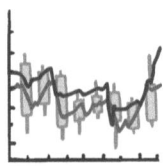

akcija

اسهام

raditi

کار کول

službenik

کارمند

poslodavac

کار ګومارونکی

fabrika

فابريکه

radnja

پلورنځی

zanimanja
مسلکونه

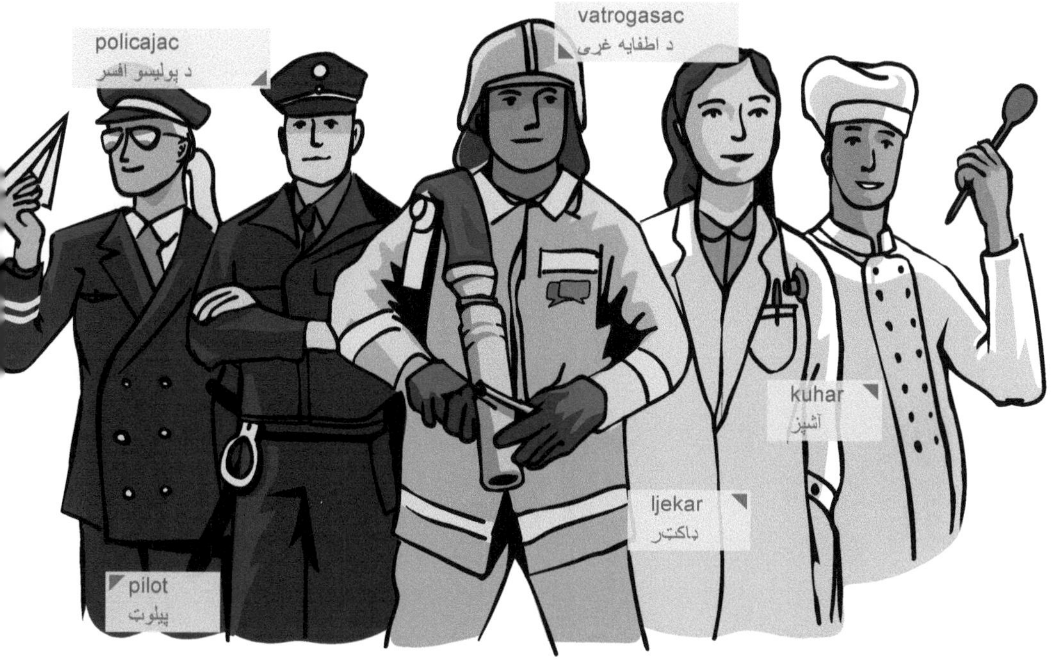
policajac
د پولیسو افسر
vatrogasac
د اطفایه غړی
kuhar
آشپز
ljekar
ډاکټر
pilot
پیلوټ

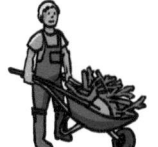

baštovan

باغوان

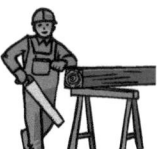

stolar

نجار

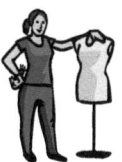

krojačica

خیاط

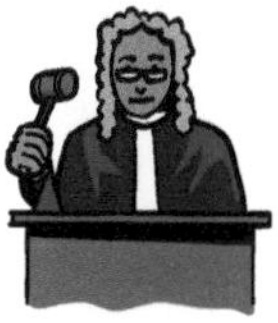

sudija

قاضي

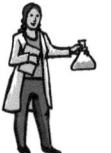

hemičar

کیمیا پوه

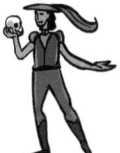

glumac

د فلم لوبغاړی

vozač autobusa

د بس ډرایور

vozač taksija

د ټیکسي ډرایور

ribar

کب نیونکی

čistačica

خدمه

krovopokrivač

بام جوړونکی

konobar

پیشخدمت

lovac

ښکاري

moler

نقاش

pekar

نانوا

električar

د برېښنا کارکونکی

građevinski radnik

تعمیر جوړونکی

inženjer

انجنیر

koljač

قصاب

limar, vodoinstalater

نلدوان

poštar

پوست رسونکی

vojnik

سرتیری

arhitekta

مهندس

blagajnik

صراف

cvjećar

مالیار

frizer

نایی

kontrolor

کلیندر

mehaničar

میکانیک

kapiten

کپتان

zubar

د غاښونو ډاکتر

naučnik

ساینس پوه

rabin

بن اغلی

imam

امام

monah

مذهبي نفر

sveštenik

پادري

alat

لوازم

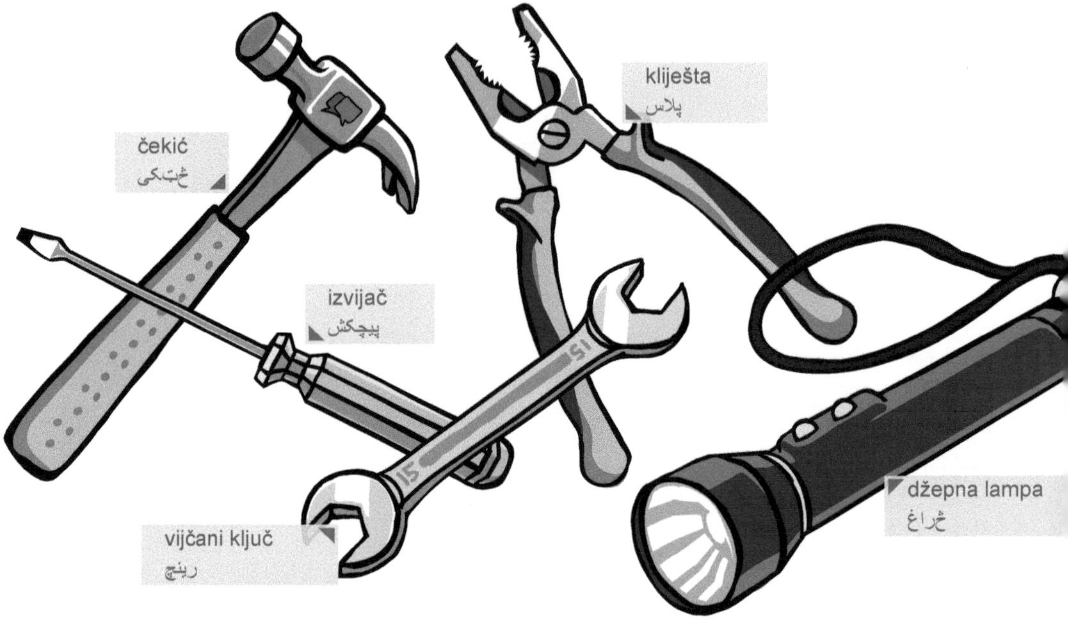
čekić
ځټکی
kliješta
پلاس
izvijač
پیچکش
vijčani ključ
رینچ
džepna lampa
څراغ

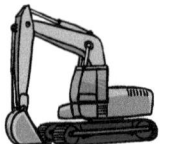

bager
کنستونکی

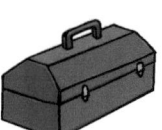

kutija sa alatom
د لوازمو بکس

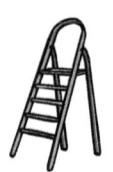

ljestve
زینه

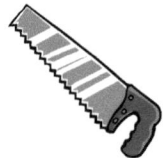

testera, pila
اره

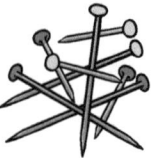

ekser
میخونه

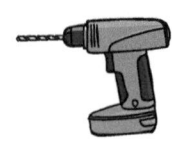

bušilica
برمه

popraviti

ترمیم کول

lopata

بیل

sranje!

لعنت!

lopatica

خاک انداز

kanta boje

مشوانۍ

vijak

پیچونه

muzički instrumenti
د میوزیک آلات

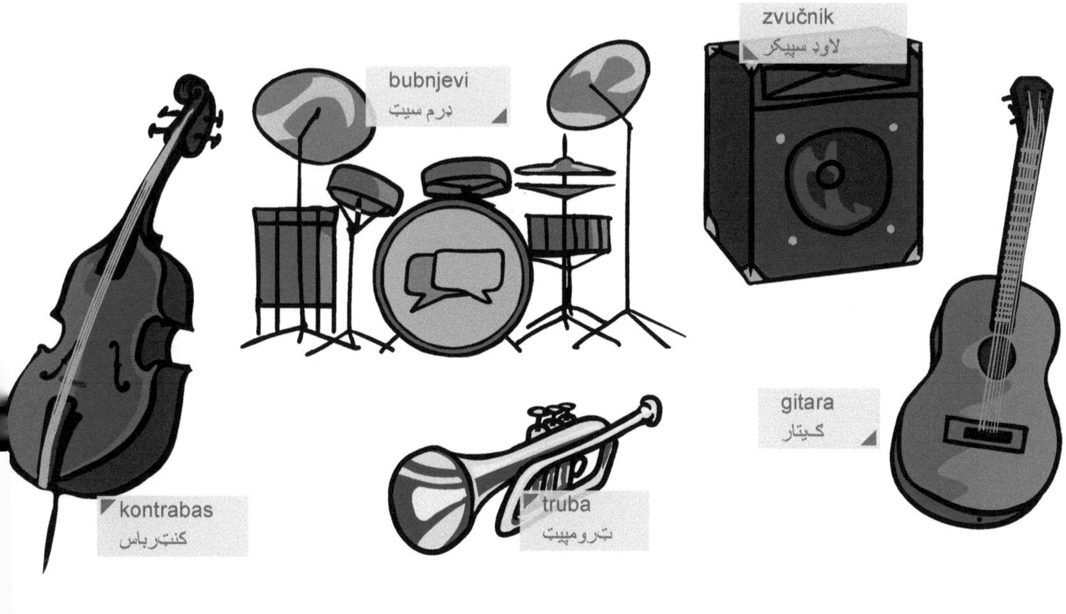

zvučnik
لاوډ سپیکر

bubnjevi
ډرم سیټ

kontrabas
کنټرباس

truba
ټرومپیټ

gitara
ګیتار

klavir

پيانو

violina

واېلن

bas

باس

bubanj timpani

نغاره

bubanj

ډرمونه

sintisajzer

کي بورد

saksofon

سیکسافون

flauta

شپیلی

mikrofon

مایکروفون

zološki vrt

ژوبڼ

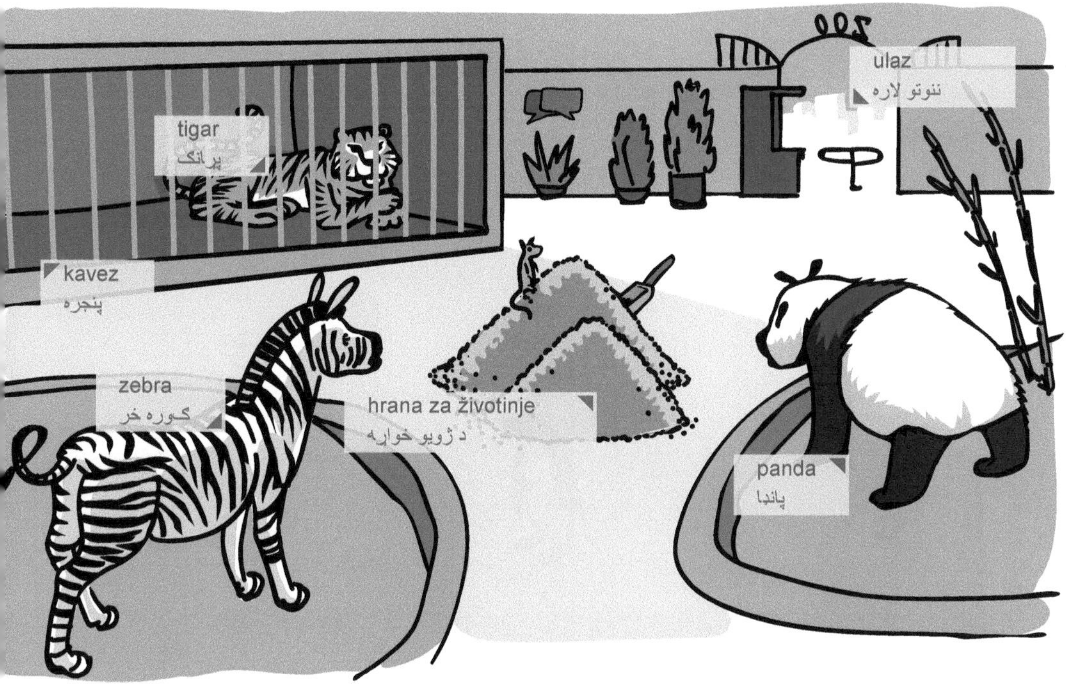
tigar
پړانګ
kavez
پنجره
zebra
ګوره خر
hrana za životinje
د ژويو خواړه
panda
پاندا
ulaz
ننوتو لاره

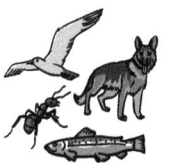

životinje

ژوی

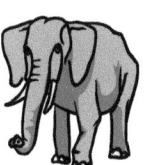

slon

هاتي

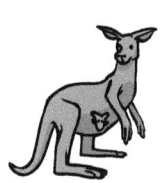

kengur

کنګرو

nosorog

د اوبو اسپ

gorila

ګوريلا

medvjed

ايږه

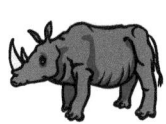

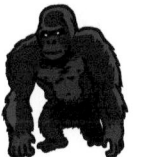

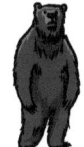

kamila

اوښ

noj

شترمرغ

lav

زمرى

majmun

بيزو

flamingo

غزى

papagaj

طوطي

polarni medvjed

قطبي ايرـه

pingvin

پينگوين

morski pas

شارك

paun

طاوس

zmija

مار

krokodil

تمساح

čuvar u zološkom vrtu

ژوبن ساتونکى

tuljan

سيل

jaguar

جگوار

poni

يابو

leopard

پرانگ

nilski konj

هيپو

žirafa

زرافه

orao

باز

divlja svinja

نرخوگ

riba

کب

kornjača

شمشتی

morž

سمندري نولی

lisica

گیدړه

gazela

هوسی

američki fudbal
امریکایی فټبال

vožnja bicikla
سایکل چلول

tenis
ټینیس

košarka
باسکیټبال

plivanje
لامبو

boks
باکسینګ

hokej na ledu
د کنګل هاکي

fudbal
فټبال

bedminton
کسیزه

laka atletika
د څغاستی لوبی

rukomet
د هندبال

skijanje
سکي

polo
پولو

aktivnosti
فعاليتونه

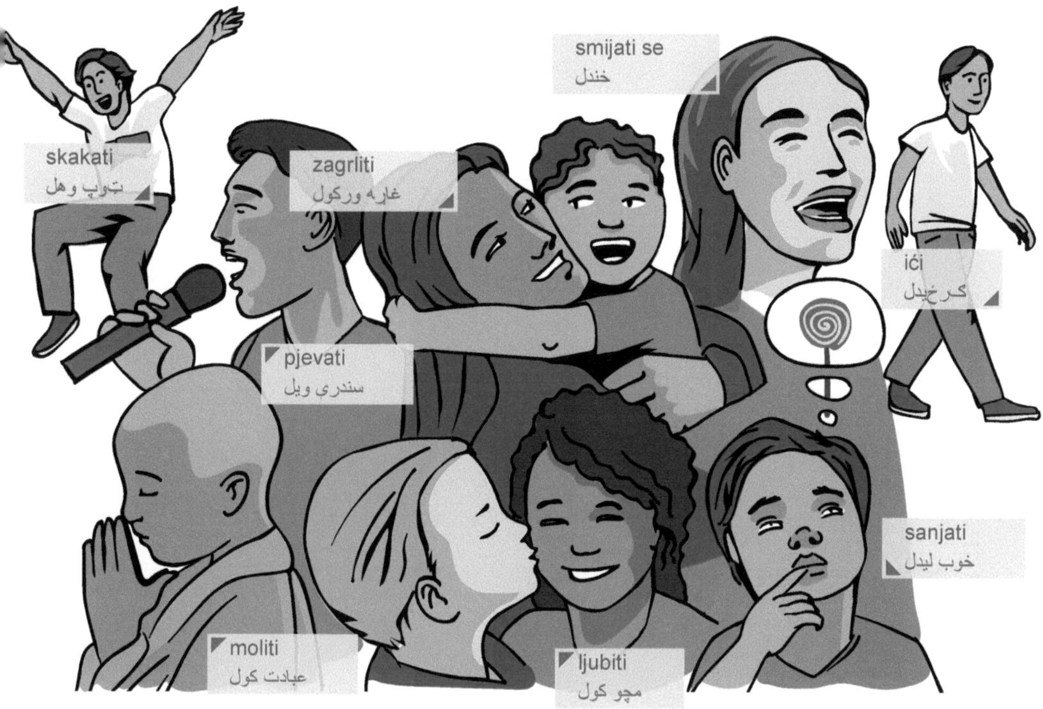

skakati
ټوپ وهل
zagrliti
غاړه ورکول
smijati se
خندل
ići
ګرځېدل
pjevati
سندرې ويل
sanjati
خوب ليدل
moliti
عبادت کول
ljubiti
مچو کول

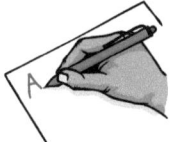

pisati
ليکل

crtati
کښل

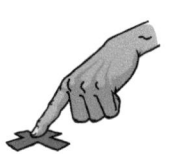

pokazati
ښودل

gurati
ټېله کول

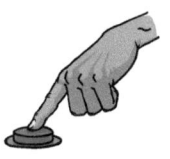

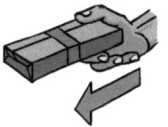

dati
ورکول

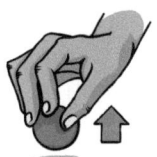

uzeti
اخيستل

imati

درلودل

raditi

کول

biti

پاییدل

stajati

ودریدل

trčati

مندي وهل

vući

راکښل

baciti

کوزارل

pasti

لویدل

ležati

څملاستل

čekati

انتظار کول

nositi

ورل

sjediti

کښېناستل

obući

پوښاک اغوستل

spavati

ویده کیدل

probuditi

پاڅېدل

aktivnosti - فعالیتونه

pogledati

کتل

plakati

ژړل

milovati

بريد کول

češljati

ګمنځ کول

govoriti

خبري کول

razumjeti

پوهیدل

pitati

غوښتل

slušati

اوریدل

piti

څښل

jesti

خورل

pospremiti

پاکول

voljeti

مینه کول

kuhati

پخلی کول

voziti

موټر چلول

letjeti

الوتل

---

aktivnosti - فعالیتونه   65

jedriti

بیری چلول

računati

حساب

čitati

لوستل

učiti

زده کول

raditi

کار کول

vjenčavti

واده کول

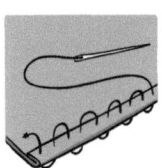

šiti

کنډل

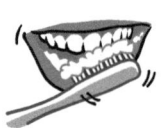

prati zube

د غاښونو برس کول

ubiti

وژل

pušiti

سګرټ څښل

slati

لیږل

porodica

کورنۍ

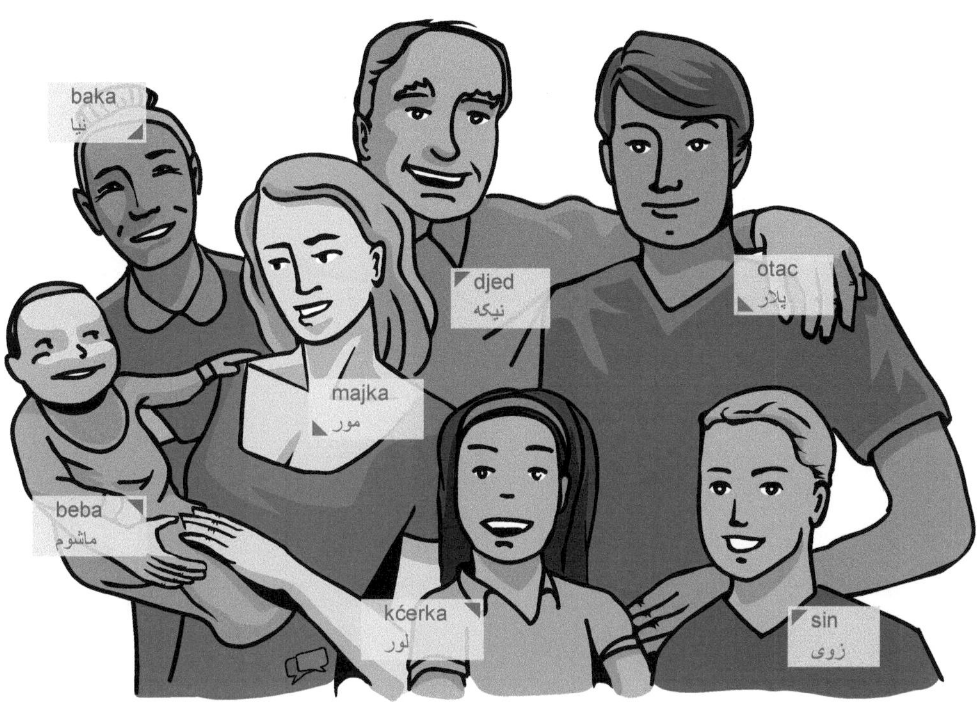
baka
نیا
djed
نیکه
otac
پلار
majka
مور
beba
ماشوم
kćerka
لور
sin
زوی

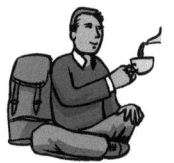

gost

میلمه

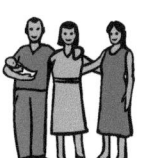

ujna, tetka, strina

ترور

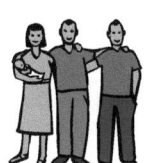

ujak, tetak, stric

کاکا/ماما

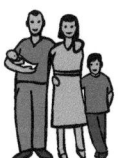

brat

ورور

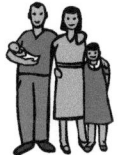

sestra

خور

tijelo

بدن

čelo
تندی
oko
سترګې
leđa
اوږه
prst
ګوته
lice
مخ
brada
زنه
ruka, šaka
لاس
grudi
سینه
noga
پښه
ruka
مټ

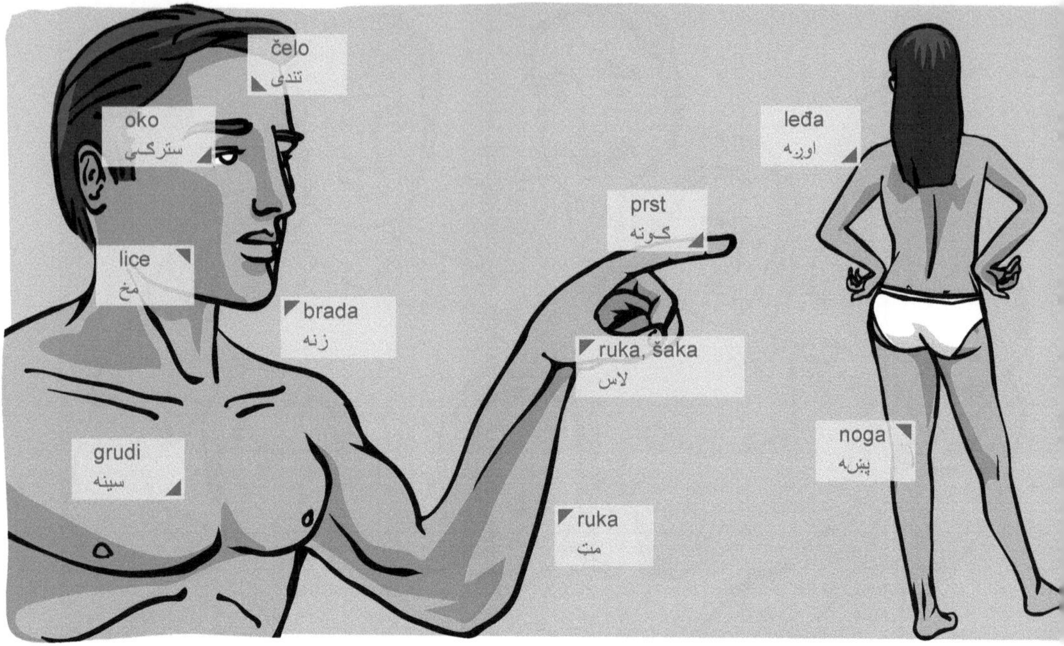

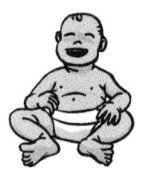

beba

ماشوم

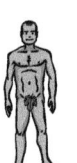

muškarac

سړی

žena

ښځه

djevojčica

انجلۍ

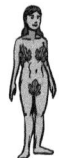

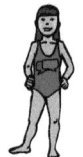

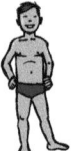

dječak

هلک

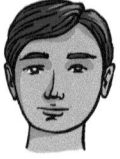

glava

سر

leđa

شا

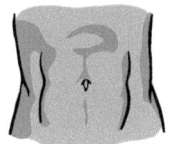

stomak

خيټه

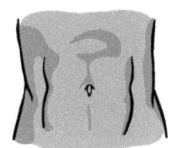

pupak

نوم

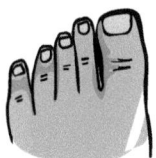

nožni prst

د پښۍ ګوته

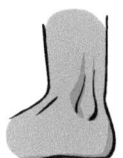

peta

پونده

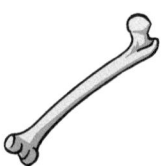

kosti

هډوکی

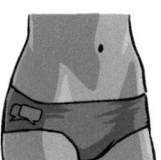

kuk

کوناټۍ

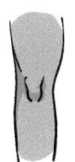

koljeno

زنګون

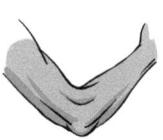

lakat

څنګل

nos

پوزه

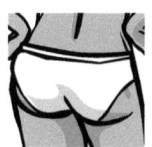

stražnjica

لاندي برخه

koža

پوټکی

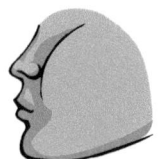

obraz

غومبوری

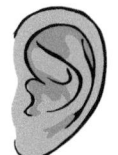

uho

غوږ

usna

شونډه

usta

خوله

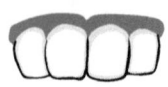

zub

غاښ

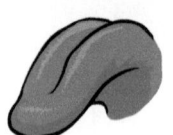

jezik

ژبه

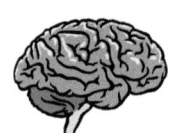

mozak

مغز

srce

زړه

mišić

عضله

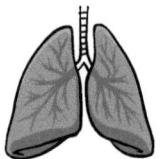

pluća

سږی

jetra

ځيګر

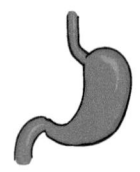

želudac

معده

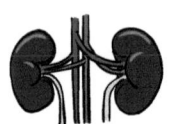

bubreg

پښتورګي

spolni odnos

جنسي نږدي والی

kondom

کاندوم

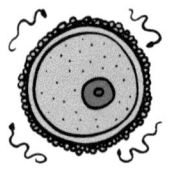

jajna ćelija

تخمه

sperma

مني

trudnoća

حمل

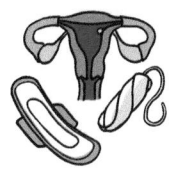

menstruacija

حيض

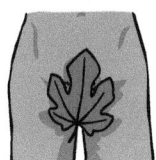

vagina

مهبل

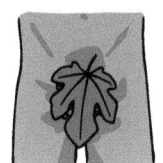

penis

د نارينه تناسلي آله

obrva

وروځی

kosa

ویښته

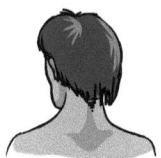

vrat

غاړه

bolnica
روغتون

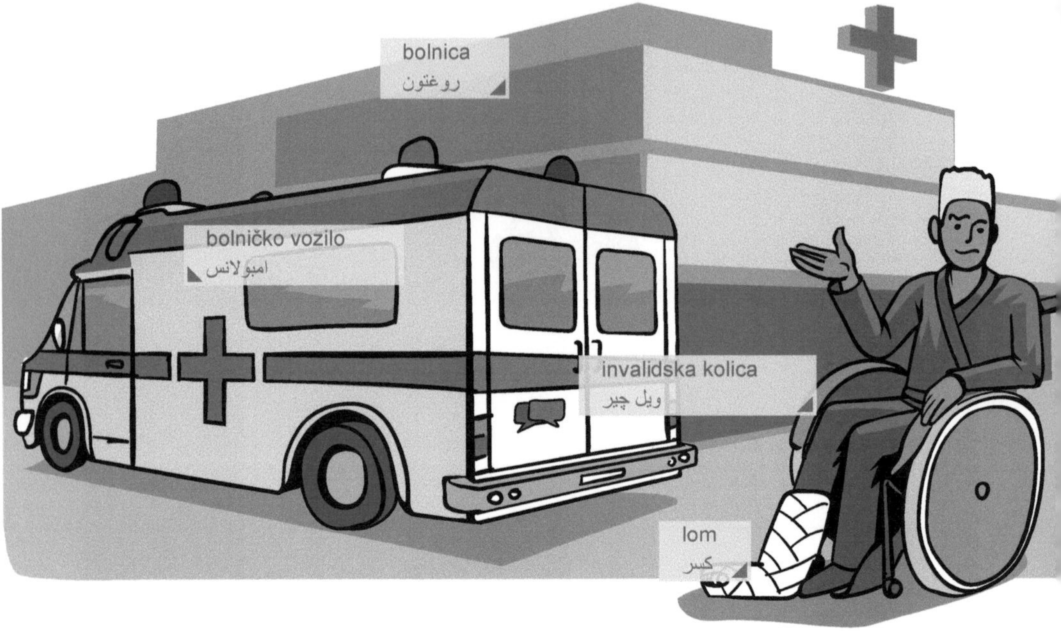

bolnica
روغتون
bolničko vozilo
امبولانس
invalidska kolica
ویل چیر
lom
کسر

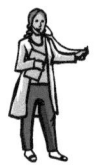

ljekar
ډاکټر

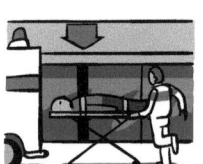

hitna služba
عاجل خونه

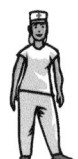

medicinska sestra
رنځورپال

hitna pomoć
عاجل

nesvjest
بې هوش

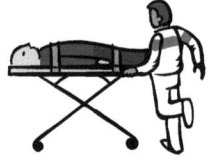

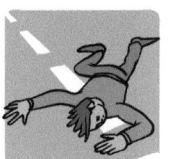

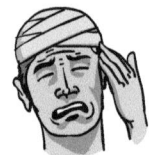

bol
درد

povreda

ټپ

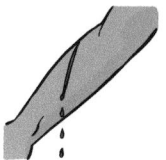

krvarenje

وينه تويدل

srčani udar, infarkt

د زره حمله

moždani udar

ضرب

alergija

حساسيت

kašalj

ټوخى

groznica

تبه

gripa

انفلوينزا

proljev

نس ناستى

glavobolja

سر درد

rak

سرطان

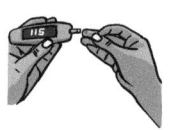

dijabetes

شكر

hirurg

جراح

skalpel

سكالپل

operacija

عمليات

CT

سيرتي

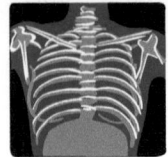

rendgen

ايکس رى

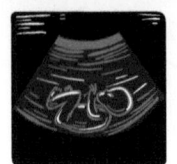

ultrazvuk

التراساوند

maska

د مخ ماسک

bolest

ناروغي

čekaonica

انتظار خونه

štake

امساآ

flaster

پلستر

zavoj

بنداژ

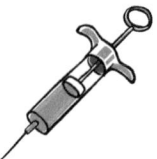

injekcija

تزريق

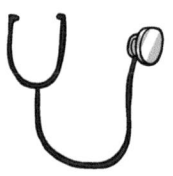

stetoskop

ستاتسکوپ

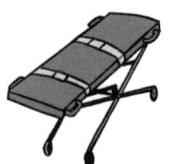

nosilo

تسکيره

termometar

کلينکي ترماميتر

porod

زيږون

prekomjerna težina, debljina

زيات وزن

slušni aparat

د اوريدو مرسته

sredstvo za dezinfekciju

د عفونيت څخه پاکونکي مواد

infekcija

عفونيت

virus

ويروس

HIV/ AIDS

ايچ.آی.وی/ايدز

medicina

درمل

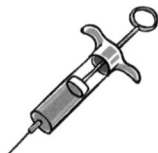

vakcinacija

واکسين

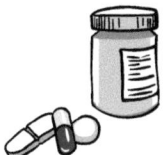

tablete

ټابليټس

pilula

گولۍ

hitni poziv

عاجل تلیفون

aparat za mjerenje pritiska

د ويني د فشار څارونکی

bolestan / zdrav

ناروغ/روغ

Upomoć!

مرسته!

alarm

الارم

napad, prepad

يرغل

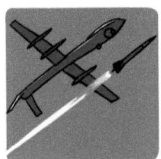

napad

بريد

opasnost

خطر

izlaz u slučaju opasnosti

عاجل لاره

Požar!

اور!

vatrogasni aparat

د اور وژونکی

nezgoda

پیښه

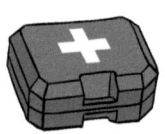

torba prve pomoći

د لومړی مرستي لوازم

SOS

ايس.او.ايس

policija

پوليس

Europa

اروپا

Sjeverna Amerika

شمالي امریکا

Južna Amerika

سهیلي امریکا

Afrika

افریقا

Azija

آسیا

Australija

آسترېلیا

Atlantik

اتلانتیک

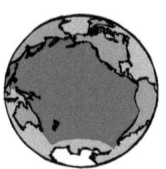

Pacifik

پاسیفیک

Indijski okean

د هند بحر

Antarktički okean

جنوبي منجمد بحر

Arktički okean

د شمال قطب بحر

Sjeverni pol

شمالی قطب

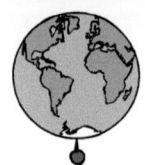

Južni pol

سهيلي قطب

Antarktik

انتاركتيكا

Zemlja

خُمکه

zemlja

خُمکه

more

بحر

ostrvo

ټاپو

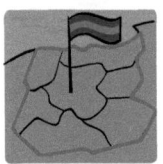

nacija

ملت

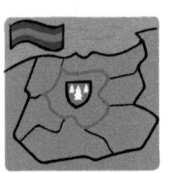

država

دولت

brojčanik sata

د مخی ساعت

kazaljka sata

د ساعت ستنه

kazaljka minute

د دقیقی ستنه

kazaljka sekunde

د ثانیی ستنه

Koliko je sati?

څه وخت دی؟

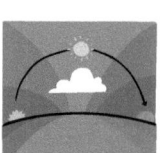

dan

ورځ

vrijeme

وخت

sada

اوس

digitalni sat

ډیجیټل ساعت

minuta

دقیقه

sat

ساعت

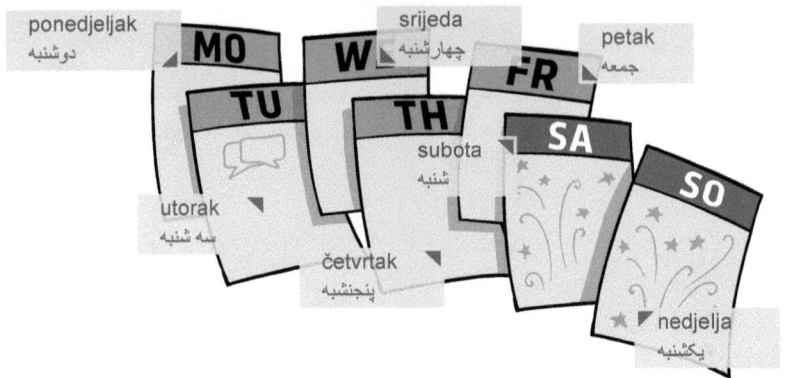

ponedjeljak
دوشنبه

srijeda
چهارشنبه

petak
جمعه

utorak
سه شنبه

subota
شنبه

četvrtak
پنجشنبه

nedjelja
یکشنبه

juče

پرون

danas

نن

sutra

سبا

jutro

سهار

podne

غرمه

veče

ماښام

radni dani

كاري ورځي

vikend

د اونۍ پای

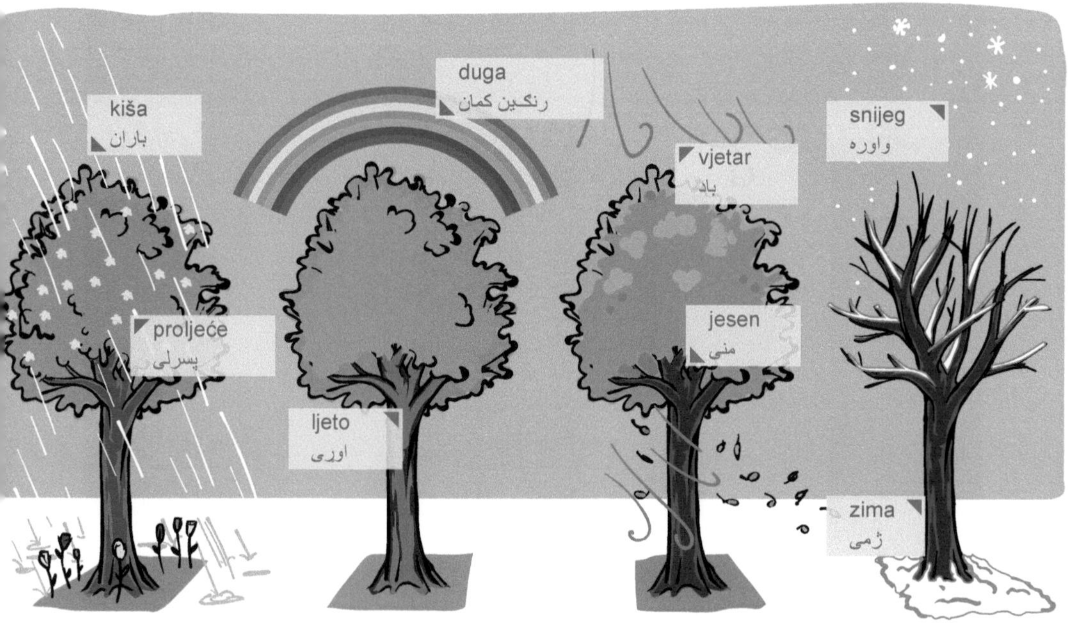

kiša
باران
duga
رنګین کمان
snijeg
واوره
vjetar
باد
proljeće
پسرلی
jesen
منی
ljeto
اوړی
zima
ژمی

4.APRIL 11°
5.APRIL 4°
6.APRIL 13°
7.APRIL 8°
8.APRIL 10°

prognoza vremena

د موسم وړاندوینه

F C
120 40
90 30
60 20
30 10
0 0
-30 -10
-20

termometar

ترمومیټر

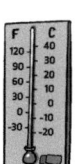

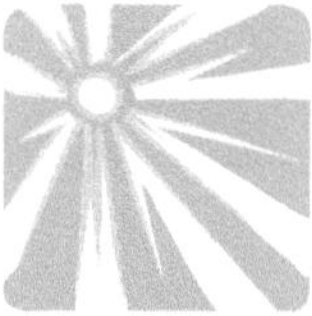

sunčev sjaj

د لمر وړانګې

oblak

وریځ

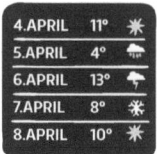

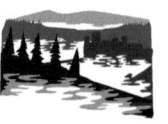

magla

لړه

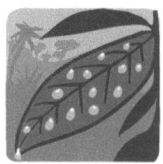

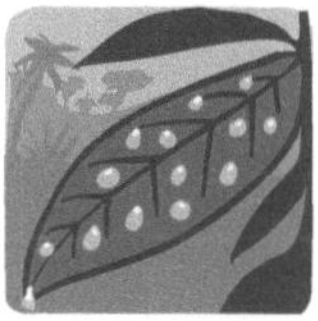

vlažnost vazduha

رطوبت

munja

رنا

grom

تندر

oluja

توفان

tuča, led

ژلی وریدل

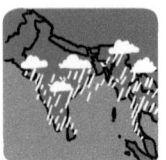

monsun

مون سون باران

poplava

سيلاب

led

يخ

januar

جنوري

februar

فبروري

mart

مارچ

april

اپرېل

maj

مى

juni

جون

juli

جولای

avgust

اګست

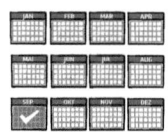

septembar

سپتمبر

oktobar

اکتوبر

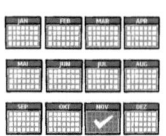

novembar

نومبر

decembar

دسمبر

krug

دايره

kvadrat

مربع

pravougao

مستطيل

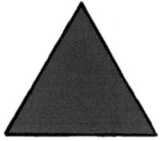

trougao

مثلث

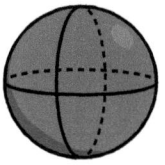

kugla

توپ

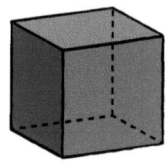

kocka

فال

bjel

سپين

žut

ژیر

narandžast

نارنجي

pink

ګلابي

crven

سور

ljubičast

ارغواني

plav

نیلي

zelen

شین

smeđ

نسواري

siv

خړ

crn

تور

malo / mnogo

خورا لږ/خورا ډیر

ljutit / miran

قار/ارام

lijep / ružan

ښکلی/بدشکله

početak / kraj

پیل/پای

veliki / mali

لوی/کوچنی

svijetlo / tamno

روښانه/تیاره

brat / sestra

ورور/خور

čist / prljav

پاک/ککر

potpun / nepotpun

مکمل/نامکمل

dan / noć

ورځ/شپه

mrtav / živ

مړ/ژوندی

široko / usko

پراخه/نری

ukusno / neukusno

د خوراک وړ/نه خوړل کیدونکی

zao / prijatan

بد/مهربان

uzbuđen / dosadan

پاریدلی/بې خونده

debeo / mršav

چاق/وچ

najprije / najkasnije

لومړی/وروستی

prijatelj / neprijatelj

ملګری/دښمن

pun / prazan

ډک/تش

trvd / mekan

سخت/نرم

težak / lagan

دروند/سپک

glad / žeđ

لوږه/تنده

bolestan / zdrav

ناروغ/روغ

ilegalan / legalan

غیرقانونی/قانوني

inteligentan / glup

هوښیار/ساده

lijevo / desno

کین/ښی

blizu / daleko

نزدې/لرې

nov / polovan

نوی/زوړ

ništa / nešto

هیڅ/یوڅه

star / mlad

بدا/ځوان

uključeno / isključeno

چالان/بند

otvoreno / zatvoreno

خلاص/تړلی

tiho / glasno

غلی/لوړ غږ

bogat / siromašan

بډایه/غریب

tačno / pogrešno

صحیح/غلط

hrapav / glatak

زبر/ملایم

tužan / srećan

خفه/خوښ

kratak / dug

لنډ/اوږد

spor / brz

سست/ګرندی

mokro / suho

لوند/وچ

toplo / hladno

ګرم/یخ

rat / mir

جګړه/سوله

0

nula

صفر

1

jedan

یو

2

dva

دوه

3

tri

دری

4

četiri

څلور

5

pet

پنځه

6

šest

شپږ

7

sedam

اوه

8

osam

اته

9

devet

نهه

10

deset

لس

11

jedanaest

یولس

12

dvanaest

دولس

13

trinaest

ديارلس

14

četrnaest

څوارلس

15

petnaest

پنځلس

16

šesnaest

شپارس

17

sedamnaest

وولس

18

osamnaest

اتلس

19

devetnaest

نولس

20

dvadeset

شل

100

sto

سل

1.000

hiljada

زر

1.000.000

milion

ميليون

engleski

انګلسي

američki engleski

امريکايي انګلسي

kinesko mandarinski

چينايي مندرين

hindi

هندي

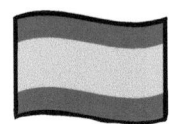

španski

هسپانوي

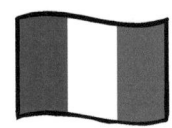

francuski

فرانسوي

arapski

عربي

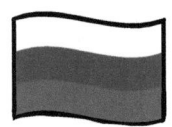

ruski

روسي

portugalski

پرتګالي

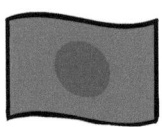

bengalski

بنګالي

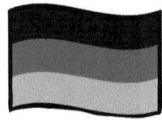

njemački

آلماني

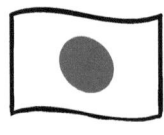

japanski

جاپاني

ja

زه

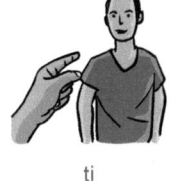

ti

ته

on / ona / ono

هغه/د غه/دا

mi

موږ

vi

تاسې

oni

دوی/هغوی

ko?

ښوک؟

šta?

څه؟

kako?

څنګه؟

gdje?

چیري؟

kada?

کله؟

ime

نوم

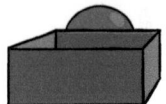

iza

شاته

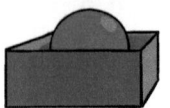

u

پە

pred

پە مخه کی

iznad

باندي

na

پە

ispod

لاندي

pored

برسیره پر

između

ترمینځ

mjesto

ځای